2121

LE BOUGEOIR

LANTERNE DES DAMES

PAUL MAHALIN (Emile Blondet)

Au bureau de l'Eclipse, 16, rue du Croissant

LE BON
LANTERNE
DES
DAMES
1859
AUX MAGASIN (Emile Blondet)
Au bureau de l'Eclipse 16, rue du Croissant

PARIS. — IMPRIMERIE VALLÉE, 16, RUE DU CROISSANT.

AU PUBLIC.

—

La Lanterne des Dames !
Pourquoi non ?

Les hommes n'ont-ils pas eu la leur ?

A sa flamme opiniâtre une mèche s'était allumée — qui allait jetant de rouges reflets...

Foin de ces clartés d'incendie, de brûlot et de foudre !

J'emprunte ma lumière — indiscrète — au gaz des jardins de plaisir, aux lustres des salons en fête, aux bougies roses du cabaret...

Et je m'estime aussi morale, — sur la toilette, dans le boudoir, — que si j'éclairais, par hasard, la table où s'élaborent certains bilans, où maint réquisitoire se forge... — Je veux distraire, — voilà tout...

Ceci n'est déjà pas une tâche si haïssable et si aisée, en cette abominable année de procès, de brochures, de vélocipèdes et de chassepots.

Distraire, — sans me déchirer les mains aux tessons de bouteilles qui couronnent le mur de la vie privée...

Sans que la Loi me tire aux jambes les grains de sel de l'Article 11...

Sans appeler qui que ce soit bâtard, voleur, pamphlétaire ou mouchard !

Que si parfois une de mes étincelles s'égare sur un baril, — n'ayez crainte :

Ce baril-là ne sera guère rempli que de poudre... de riz.

Personne ne sautera.

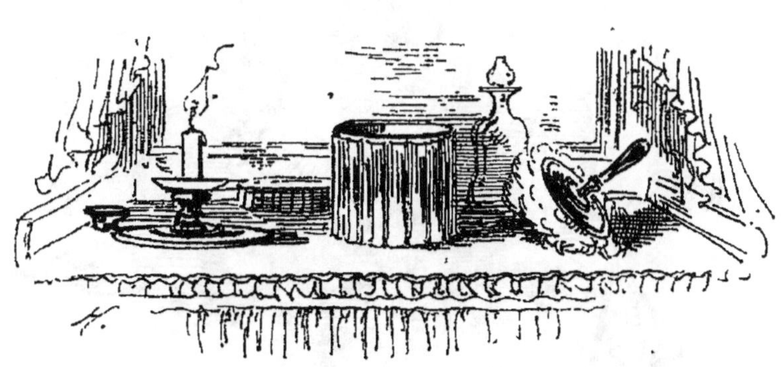

La séance d'hier au *parlement* de la Redoute a été des plus agitées et des plus significatives.

L'ordre du jour appelait la suite de la discussion sur la loi de *Défense générale.*

Vingt-sept *oratrices* devaient y prendre part.

La lutte serait vive autour de l'amendement Lysistrata !

Mademoiselle Blanche d'Antigny s'était fait inscrire pour parler contre cet amendement.

L'assemblée était au complet. Madame Horn emplissait le

fauteuil de la présidence, élevé, comme on sait, sur les ruines du pupitre du chef d'orchestre. A ses pieds moutonnaient les vagues lumineuses d'un océan de chignons roux— qui avaient des remous couleur d'ambre et des écumes couleur de feu...

Quelques *points noirs* émergeaient bien — çà et là — dans ces *ors*...

C'étaient les rares brunes qui, en ce temps d'apostasies capillaires, avaient su conserver le courage de leur opinion.

L'accord n'en était pas moins sincère entre celles-ci et celles-là.

La fusion des nuances avait été décidée la veille dans une réunion tenue chez Mᵐᵉ Olympe Audouard et à laquelle s'étaient rendues les deux plus jolies têtes de la minorité, — Mᵐᵉˢ Julia Barucci et Céline Montaland.

*
* *

La séance s'ouvre à midi.

Des huissiers — choisis dans la jeunesse du faubourg du

Temple — font circuler des allumettes, des pipes et du tabac

On remarque dans les tribunes nombre de messieurs en toilette.

Madame Olympe Audouard, — des Affaires extérieures, — demande la parole sur le procès-verbal :

— Il s'est glissé dans le *Moniteur des Dames* une erreur contre laquelle il importe à ma dignité de protester énergiquement. J'y lis que, pendant le dernier discours de l'honorable Mme Esquiros, je n'ai cessé de fumer des cigarettes *de Maryland... De Maryland !...* Il faut me connaître bien peu. Tout mon passé s'inscrit en faux contre l'amour du *maryland.* C'est même pour cela que j'ai balancé *le mien...*

La présidente ordonne que la rectification aura lieu.

Le procès-verbal est adopté.

Diverses demandes de congé sont accordées :

A Mlle Lise Tautin pour raison *de famille;*

A Mlles Caroline Letessier et Léonide Leblanc, chargées d'étudier une *marche* sur le Rhin ;

Et à plusieurs autres membres que leurs affaires .retiennent à la maison.

Un projet d'intérêt local, — établissement

d'un chemin de fer du Casino à Saint-Lazare, — est ensuite voté à l'unanimité.

Puis, l'on procède à l'examen de l'élection de Louise-la-Blanchisseuse dans la circonscription de l'avenue Montaigne. Une protestation, couverte des signatures de M. Arsène Houssaye et de Mlle Fille-de-l'Air, a bien été déposée s ir le bureau ; mais celui-ci est d'avis qu'il n'y a lieu d'en t nir compte...

En conséquence, l'élection est validée.

*
* *

La citoyenne Lysistrata, — de la Nouvelle-Athènes, — monte à la tribune.

Un profond silence s'établit.

La citoyenne Lysistrata :

— Mesdames, je serai brève (*Marques générales de stupéfaction.*) Il ne s'agit pas de parler. (*Murmures sur la plupart des bancs.*) Pendant que nous perdons ici un temps précieux en vains discours... (*Violente interruption, tumulte, cris : à l'ordre ! à l ordre !*)

LA PRÉSIDENTE. — Je rappelle l'oratrice au respect qu'elle doit à l'Assemblée...

LA CITOYENNE LYSISTRATA. — Madame la Présidente, permettez-moi d'expliquer ma pensée. (*Parlez ! parlez !*) Je veux dire : pendant que *nous tenons le crachoir* pour le monarque qui a vaincu à Sadowa (*à la bonne heure !*) les hommes continuent à nous faire des *mistouffles*. A-t-il été seulement question de nous dans la loi qui concerne la garde nationale *mobile ?* Et, pourtant, qui, plus que la femme, est *mobile ? (Vive approbation.) La dona e mobile*, a dit François Ier, un roi qui nous connaissait si bien, qu'il est mort pour nous avoir trop aimées ! (*Bravo ! bravo !*)

LA DIVA THÉRÉSA. — On dit *brava* aux Italiens.

LA CITOYENNE LYSISTRATA. — En face d'un pareil oubli de nos droits, d'une semblable injure à notre caractère, on ne saurait avoir recours à des mesures trop énergiques. *(Non ! non !)* J'ai donc l'honneur de proposer à la sanction de l'assemblée un amendement à la loi de *Défense générale*, ainsi conçu : « ARTICLE UNIQUE.

— *Les traités de commerce avec les hommes sont et demeurent abrogés. Quiconque contreviendra à la présente disposition sera passible de la peine du silence forcé à temps.*» Je prierai mes honorables collègues de vouloir bien remarquer que je n'ai pas mis : « *du silence forcé* A PERPÉTUITÉ. » Je ne suis point, en effet, *partisane* de la peine de mort. *(Impressions diverses.)*

Mme JUDITH WALTER. — Votre amendement, c'est de l'Aristophane !

Mme EUGÉNIE NIBOYET. — Qui est-ce qui parle d'*Aristo femme ?* Nous sommes toutes démocrates !

Mlle BLANCHE D'ANTIGNY *à la tribune*. — Mesdames, je ne

crains pas de qualifier d'utopie l'amendement que l'on vient de développer devant vous. *(Rumeurs.)* Utopie généreuse, soit, mais irréalisable par cela même que c'est une utopie. *L'oratrice* qui m'a précédée à cette place n'a conclu rien moins qu'à supprimer les hommes. Je ne relèverai pas tout ce que cette mesure me parait avoir d'illogique et de rigoureux; il pourrait se trouver ici des personnes assez... Kervéguen pour croire que je suis achetée...

CÉLESTE MOGADOR. — Et *le Gaulois?*...

Mlle BLANCHE D'ANTIGNY. — Eh! mon Dieu, supprimons les hommes, si vous voulez; mais j'ai le droit de vous demander : par quoi les remplacerons-nous? *(Mouvement.)*

Mme OLYMPE AUDOUARD. — Il y a des amitiés agréables.

Mlle BLANCHE D'ANTIGNY. — Je répondrai à l'honorable interruptrice que les amis ne sont pas des Turcs. *(Sourires.)* Ah! si nous vivions encore dans les temps adamiques, où toute toilette sortait de la maison Figuier, j'aurais volontiers appuyé la proposition Lysistrata, quoique celle-ci me semble singulièrement renouvelée des Grecques; *(Nouveaux sourires)* mais aujourd'hui que le propriétaire du Paradis a donné congé à ses locataires sans indemnité d'expropriation; aujourd'hui, comme le dit le célèbre économiste Henri Rochefort, *(Écoutez! écoutez!)* au prix où sont le beurre, les huit-ressorts, les entre-sol et les diamants, je n'hésite pas à déclarer qu'il faut user de ménagements — momentanés — envers le sexe culotté à qui nous devons nos dentelles. *(Gestes de dénégation à gauche.)* Détruisons les préjugés, mais sauvons la caisse. *(Très-bien! très-bien! à droite.)* L'homme n'est pas indispensable, mais il est nécessaire. Je voterai donc contre l'amendement. *(Aux voix! aux voix!)*

Mlle BLANCHE D'ANTIGNY A LA TRIBUNE

⁎

En regagnant son banc, *l'oratrice* reçoit les félicitations de la plupart de ses collègues.

L'amendement est mis aux voix et rejeté.

Profonde sensation.

Applaudissements dans les tribunes.

La séance est levée à minuit,— et la plupart de ces dames à une heure.

POLITIQUE EXTÉRIEURE.

—

Une ingénue du grand théâtre de Gérolstein.
Un rédacteur de la *Gazette de Hollande*.

L'ingénue. — Voyons, *rédac-chef* de mon cœur, imprimez
de mon talent tout ce que vous voudrez : Je m'en *fiche*

comme de Bismark-Tampon. Mais sacrebleu! ne dites pas
la date de ma naissance...

Le Rédacteur. — Quel âge avez-vous donc?

L'Ingénue. — Je suis de 1832...

Le Rédacteur. — Trente-six ans!... Diable!... Eh bien, écoutez : Je consens à vous rajeunir d'autant d'années que vous me permettrez de vous donner de baisers...

L'Ingénue. — Allez-y, cher ami! Ne vous gênez pas!

— On entend le bruit de trois baisers. —

L'Ingénue. — Que ça?... Encore cinq ou six, je vous prie...

Le Rédacteur. — Ah! mais non. Impossible. Ça deviendrait invraisemblable!...

L'Ingénue. — De grâce!...

Le Rédacteur. — Je vous ferai naître en 1829. C'est déjà bien gentil.

L'Ingénue, *avec un soupir.* — Ah! si Gustave Claudin avait été à votre place...

Le Rédacteur. — Qu'est-ce qu'il aurait fait?

L'Ingénue. — Je serais née en 1850.

—

... Une princesse du sang impérial — russe — qui ne dédaigne point de se poser en solliciteuse pour obliger ses nombreux protégés, arrive l'autre jour au ministère de l'Intérieur —russe:

— Excellence, j'ai besoin d'une place de préfet.

— En vérité, princesse, vous me voyez au désespoir: je n'ai rien de disponible....

—Comment! pas une pauvre petite préfecture?... Fût-ce à Nowogorod-sur-Marne ou à Astrakan-Corentin?...

— Pas une seule, parole d'honneur-russe ! Il ne me reste que des sous-préfectures....

— Alors, donnez-m'en deux.

~~

... On parle beaucoup d'un commencement d'incendie qui a éclaté — dernièrement — chez Mme C... H... dans le quartier des Champs-Élysées.

Mme C... H... demeure porte à porte avec Mlle C... P...

Celle-ci accuse sa voisine de concurrence déloyale.

Aussi, au moment où l'alarme se répandait dans les environs, la vit-on se pencher hors de sa fenêtre — en déshabillé de trumeau — pour crier à son nombreux domestique:

— Le premier de vous qui lui porte un seau d'eau, je le chasse !

~~

... Il y a — sur la rive droite du boulevard Montmartre — entre le café Mazarin et le café de l'Opéra — un pan de terrain assez long qui reste plongé tous les soirs dans une

UN DRAME INTIME

quasi obscurité, — les magasins qui le bordent se fermant de bonne heure.

Cet endroit a été surnommé *la coulisse*.

Entre pipe et bock, — l'autre soir, — le poëte lyrique X..... y rencontra une demoiselle en quête d'un mariage sérieux.

X... posa — incontinent — sa candidature.

Elle n'obtint pas moins de succès que celle de M⁰ Grévy. dans le Jura.

Oui, mais le lendemain, la demoiselle, retrouvant X... devant le café de Madrid, l'apostrophait avec violence.

Et, sa *carte* à la main, réclamait son salaire...

La carte du souper des fiançailles — probablement...

Le pauvre diable de poëte était, en vérité, bien empêché! ...

La demoiselle parlait du commissaire...

Lors, le boursier Y... se levant:

— Mademoiselle, la loi ne reconnaît pas les marchés contractés dans *la coulisse*.

~~~

... M. T... et Mlle N..., d'un théâtre *de genre*, — tous les
~~~

genres sont bons, hors le genre·ennuyeux,—échangent tous les jours des cadeaux magnifiques et des taloches illimitées.

Dernièrement la jeune artiste offrit à son bel amoureux une chaîne de gilet d'un merveilleux travail, — or et argent: on eût dit un tortil de myrte et de jasmin.

M. T..., en retour, envoya à son adorée une montre médaillon si plate, — oh mais si plate, que les camarades de Mlle N... la baptisèrent immédiatement du nom de Mme D...

Le soir, on s'en fut souper chez Brébant — pour célébrer ces présents réciproques.

Puis, au moët, on se disputa — des pieds, des mains et des assiettes.

Au *tutti* de la discussion, M. T... arracha sa chaîne de son gilet, ouvrit une fenêtre et lança le bijou dans la rue, en s'écriant :

— Ma chère, voilà le cas que je fais de vos dons.

Sans riposter un mot, mademoiselle N... jeta — froidement— sa montre par la même croisée...

— Que faites-vous? s'exclama le jeune homme.

— Mon cher, je fais en sorte que celui qui trouvera la chaîne puisse savoir l'heure exacte à laquelle il l'aura trouvée.

... Entre dames :

— Vous étiez au ma-
riage de mademoiselle
P...?

— Parfaitement.

— La fête a été...

— Délicieuse.

— Avez-vous revu la
mariée ?

— Deux fois.

— Et ?...

— Elle avait les yeux
battus — et contents.

... Le comte de P..., qui affecte avec les femmes des fa-
çons de taureau de la Camargue, est, en réalité, aussi doux
qu'un mouton champenois, — un mouton que mademoiselle
R..., des Variétés, transforme le plus souvent en bélier.

L'autre jour, on lui prouve — clair comme les yeux de
cette belle personne — que celle-ci vient de donner un fort
coup de sabre dans le papier rose du contrat.

A cette nouvelle, le gentilhomme saute sur sa canne...

— Je vais chez elle ! Je casse ai sa porte ! Je casserai son
mobilier ! Je lui casserai la figure !...

Le lendemain, un témoin de cette explosion rencontre l'actrice :

— Eh bien? qu'est-ce que P... a cassé chez vous hier soir?

— Lui?... il a cassé... une croûte.

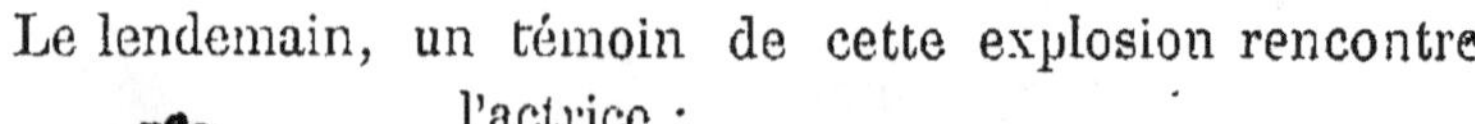

... Un mot d'enfant — que je dédie au crayon d'Hadol :

La scène se passe dans le boudoir d'une cocotte huppée qui a une petite fille de six ans.

Le baby à la mère :

— Maman, pourquoi donc q't'as dit à la bonne d'éclairer c'monsieur, tout à l'heure, puisque tu disais hier qu'il faut toujours que ce soient les hommes qui éclairent?

DÉPARTEMENTS.

TROUVILLE. — *Trou,* oui ; *ville,* non. C'est toujours le Longchamps des côtes Normandes. Madame de M... disait :

— Je vais me déshabiller pour aller au bal...

A Trouville, une femme pourrait dire :

— Je vais m'habiller pour entrer au bain.

DIEPPE. — Un baigneur rencontre une baigneuse à une brasse environ au-dessous du niveau de la lame...

Le baigneur avance la main...

MADAME S'HABILLE POUR ENTRER AU BAIN

— Monsieur!... s'écrie la naïade effarouchée.
— Pardon, madame, je croyais pouvoir prendre pied...
— Pied, soit, monsieur; mais rien que cela!

*
* *

BIARRITZ. — Une maréchale et une générale — espagnoles
— y ont fait une cour assidue au duc de Z...

Celui-ci restait indécis...,
Pourtant, la générale avait des chances...
La maréchale s'en aperçut...
Elle interpella le duc en présence de sa rivale :
— Si la vague nous emportait au large, madame et moi,
laquelle des deux sauveriez-vous?

— Oh! maréchale, répondit le gentilhomme, vous savez si bien nager!

TRIBUNAUX ÉTRANGERS.

—

La femme Effie Watson accuse — devant le juge Jédédiah Russell — sir Amyas Flamborough d'être *le père naturel* de son enfant.

Le juge interroge le prévenu :

— Milord, qu'avez-vous à répondre?

— J'affirmerai à Votre Honneur que cette femme a eu quatre amants en même temps que moi.

— Pouvez-vous en fournir la preuve?

— Ils sont ici. Questionnez-les.

Quatre individus se présentent à la barre et confirmentles paroles du noble lord.

Le juge :

— Ainsi, vous soutenez, sous la foi du serment, avoir été à la même époque, aimés de la femme Watson?

— Sous la foi du serment, oui, Votre Honneur.

— Alors, je vous condamne tous les cinq : vous payerez chacun cinq schellings pour l'éducation de l'enfant.

UNE PRIME EXCEPTIONNELLE.

—

L'un des plus honorables restaurateurs du boulevard vient d'inventer le *truc* suivant pour exciter à la consommation les habitués de son établissement :

On sait que certains cabarets fashionables restent ouverts une grande partie de la nuit...

Une demi-dame y vient-elle souper avec *quelqu'un*, les bouchons du clicquot sautent avec fureur...

Chez notre homme, ces bouchons, outre la marque de fabrique, portent le nom du restaurateur, lequel, lorsqu'on les lui rapporte, en échange de chacun, remet *cinquante centimes*.

Ce nom sera donné EN PRIME *à toute personne qui nous justifiera avoir acheté* LE BOUGEOIR.

PETIT COURRIER.

.*. M. Capoul ne recevra pas aujourd'hui ni les jours suivants.

.*. La municipalité de Bordeaux vient de faire placer au-dessus de la porte d'un bâtiment de la place Dauphine une plaque de marbre noir avec cette inscription en lettres d'or :

HORTENSE SCHNEIDER

EST NÉE DANS CETTE MAISON

LE... 183...

La Grande-
duchesse à son
dernier voyage
dans sa ville na
tale, s'est ren-
due à l'Hôtel-
de-Ville pour
remercier les
m a g i s t r a t s
consulaires, et
avec la la rare
m o d e s t i e
qu'on lui con-
naît , elle a
obtenu d'eux
que l'inscrip-
tion ne serait
c o m p l é t é e
qu'après sa mort.

** Mademoiselle Marie Magnier, — du Gymnase, était hier à Boulogne-sur-Mer, et Mademoiselle Marie Pellegrin, — du Palais-Royal, — à Bullier.

** A ce dernier établissement, rentrée de Mademoiselle Molécule.

** Mlle Marie Jousset, le « sujet de la danse » que l'on a enterré en août, venait, au moment où elle

RENTRÉE DE Mlle MOLÉCULE A BULLIER

a succombé au rhumatisme articulaire « qui l'a *refroidie à tout jamais,* » d'acheter un terrain au cimetière Montmartre et d'y faire maçonner un caveau de famille.

Lugubre fantaisie pour une fillette d'opéra !

Hélas! c'est elle qui *a essuyélesplâtres!*

.*. On nous écrit de Bade :

Une jeune actrice d'une rare beauté avait séduit un prince étranger...

— Rentrez à l'hôtel Stéphanie, lui dit un aide de camp, le prince ira vous y voir à onze heures.

La petite rentra, passa son visage à la poudre de riz et attendit...

Le noble visiteur fut exact.

La conversation s'entama sur le ton le plus galant.

Tout à coup, une lueur insolite traversa les persiennes.

Au dehors, quelques clameurs se faisaient entendre.

— Vive le prince ! criait-on.

— Qu'est-ce donc ? fit celui-ci tout effaré.

La cause du tumulte était bien simple :

Le maître d'hôtel ayant reconnu le visiteur, s'était em-
pressé *d'illuminer la façade !*...

*** On annonce le mariage d'un jeune Polonais, qui a

beaucoup fait parler de lui en ces derniers temps, avec l'une des héritières d'un riche propriétaire du quai des Orfèvres.

Celui-ci lui a donné à choisir entre ses trois filles : une blonde, une brune et une rousse.

Le Polonais a choisi la rousse.

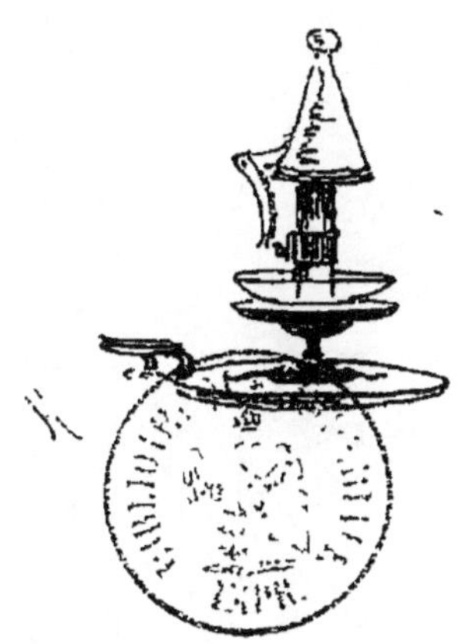

L'ÉCLIPSE

JOURNAL SATIRIQUE, ILLUSTRÉ

PARAISSANT TOUS LES DIMANCHES

ABONNEMENT D'UN AN POUR PARIS. . **5** fr.

—   — LES DÉPARTEMENTS. **6** »

EN VENTE AU BUREAU DE *L'ÉCLIPSE*
16, rue du Croissant

Paris. — Imprimerie VALLÉE, 16, rue du Croissant